Alan Paiva

Amor sem limites
A luta contra as drogas

Dados Internacionais de Catalogação na Publicação (CIP)
(Câmara Brasileira do Livro, SP, Brasil)

Paiva, Alan
  Amor sem limites / Alan Paiva. – São Paulo : Paulinas, 2016. – (Coleção cartilhas)

  ISBN 978-85-356-4138-7

  1. Adolescentes - Uso de drogas 2. Amor 3. Drogas - Abuso - Aconselhamento 4. Drogas - Abuso - Aspectos religiosos 5. Drogas - Abuso - Aspectos sociais 6. Drogas - Abuso - Prevenção 7. Drogas - Abuso - Tratamento 8. Toxicomania I. Título. II. Série.

  16-02335   CDD-261.83229

Índice para catálogo sistemático:
1. Drogas : Abuso : Prevenção pela religiosidade : Cristianismo   261.83229

1ª edição – 2016

Direção-geral: *Bernadete Boff*
Editores responsáveis: *Vera Ivanise Bombonatto*
e Antonio Francisco Lelo
Copidesque: *Mônica Elaine G. S. da Costa*
Coordenação de revisão: *Marina Mendonça*
Revisão: *Equipe Paulinas*
Gerente de produção: *Felício Calegaro Neto*
Projeto gráfico: *Wilson Teodoro Garcia*
Diagramação: *Jéssica Diniz Souza*
Imagem de capa: *Interno da Fazenda do Amor Misericordioso rezando diante do sacrário; foto do autor*
Imagens de miolo: *Fotos do autor*

Nenhuma parte desta obra poderá ser reproduzida ou transmitida por qualquer forma e/ou quaisquer meios (eletrônico ou mecânico, incluindo fotocópia e gravação) ou arquivada em qualquer sistema ou banco de dados sem permissão escrita da Editora. Direitos reservados.

Paulinas
Rua Dona Inácia Uchoa, 62
04110-020 – São Paulo – SP (Brasil)
Tel.: (11) 2125-3500
http://www.paulinas.org.br – editora@paulinas.com.br
Telemarketing e SAC: 0800-7010081
© Pia Sociedade Filhas de São Paulo – São Paulo, 2016

Agradeço a Deus e à Imaculada Conceição
por todas as bênçãos recebidas
desde aquele encontro na Basílica de São Francisco,
em Buenos Aires.

E, também, ao Padre João Mancini,
por seus ensinamentos e pela generosidade
com que me acolheu na Fazenda.

A Maria Adélia e Maria Fernanda,
com todo o meu amor.

Aos rapazes da Fazenda do Amor Misericordioso,
com o desejo de que continuem a caminhada
com amor, fé e perseverança.

Sumário

Prefácio 7
Apresentação 11
A travessia 13
Na estrada 15
A cidade 17
A fazenda 19
Os crimes 22
Amor sem limites 25
A volta para casa 28
Conversão 31
Um dia na fazenda 33
Para onde ir? 36
Mantendo os laços 39
Auxílio mútuo 42
A defesa 44
O mundo 46
Dois casos 48
A lei maior 50
Amar o próximo 53
O caminho novo 55
Dez anos 57
Perseverança e amor 59
Entrevista com o Padre João Mancini 61

Prefácio

Redigir o prefácio de um livro pressupõe, antes de tudo, conhecer a obra a ser apresentada e o autor. Conhecer um e outro significa, antecipadamente, possuir uma visão do que ambos têm a partilhar ao longo do livro. É poder captar o sentimento de que o autor está impregnado e a que ele se propõe com a obra produzida. Não há produção escrita sem conteúdo.

Amor sem limites traz, em seu conteúdo, o verdadeiro testemunho de um processo de conversão. É a queda de cavalo do soldado Paulo, em suas andanças pelas estradas da Galileia, se repetindo através dos tempos... Só que, agora, na caminhada do advogado Alan Paiva, pelos verdes campos da baixada maranhense. Ele nos exorta à conversão afirmando: "converter-se é, antes de tudo, transformar-se".

Esse advogado criminalista dá uma dimensão maior e mais profunda ao exercício de sua profissão, colocando-se a serviço dos que, hoje, integram um dos segmentos mais excluídos de nossa sociedade por tudo que lhes advêm. Refiro-me aos dependentes químicos, suas circunstâncias e consequências, chegando ao ponto de enveredarem pelo mundo do crime.

Alan Paiva, neste seu testemunho, mostra que é possível mudar a realidade, por mais dolorosa que seja. E não afirma isso por mera suposição ou simples desejo, mas por experiência, resultados e convivência com o trabalho abnegado de um religioso – o Padre João Mancini – no município de Pinheiro, no Maranhão, mais precisamente na Fazenda do Amor Misericordioso.

Em boa hora, ele decidiu transformar em livro o trabalho que vinha realizando em silêncio, pelo simples prazer de contribuir, gratuitamente, sem nenhum outro objetivo que não fosse a construção do Reino, com a obra do Padre Mancini.

Este livro surge no momento em que são celebrados dez anos de fundação da fazenda e se faz memória de uma experiência transformadora de vida pela força da oração, do amor, da perseverança, da existência de uma comunidade de fé e do desejo renovado de ruptura compartilhada, atualmente, com sessenta jovens de várias regiões do país.

Toda a abordagem é feita em uma linguagem simples, envolvente, sem rebuscamentos, marcada com citações bíblicas, despertando, desde o primeiro instante, a vontade de conhecer o capítulo seguinte e o trabalho realizado na Fazenda do Amor Misericordioso, inclusive no que diz respeito à atuação do advogado diante da realidade de cada um daqueles jovens que se viram, um dia, tomados pelas amarras da droga, do tráfico e, por fim, do crime, em seus mais diversos aspectos.

Alan Paiva, num misto de poeta, jurista e repórter, consegue descrever, detalhadamente, tudo o que chama sua atenção no contato profissional com seus novos clientes. Por exemplo, o orgulho do interno ao assinar a procuração para que o advogado possa defendê-lo, mostrando que consegue escrever o próprio nome, sendo que não sabia nem ler nem escrever quando chegara à fazenda.

A leitura de *Amor sem limites* provoca muita reflexão e um amplo debate, colocando em xeque os conceitos, os preconceitos dominantes, as discriminações, o fascínio que o consumismo exerce sobre a sociedade, no seu todo e, em especial, sobre a juventude, os dogmas e as doutrinas inconsequentes que dizem respeito à violência, criminalidade e pena/prisão.

Assim, corajosamente, num mundo de violência e hipocrisia, o autor ousa dizer: "a prisão incrementa a criminalidade a pretexto de combatê-la; não retira homens do mundo do crime, aperfeiçoa suas especialidades criminosas; não resgata almas, aprisiona destinos; não prepara para a vida, enclausura para a morte".

E esse excelente criminalista, Alan Paiva, vislumbrando e logo abraçando como modelar a experiência do Padre João Mancini, relembra o Marquês de Beccaria que, "no seu tempo, lutou contra a crueldade das penas e mudou o mundo com seu pequeno livro *Dos delitos e das penas*, publicado em 1764". E acrescenta: "agora é hora de superar esse momento histórico e buscar novas formas de resolver o grave problema do crime com inteligência, fé, esperança e, sobretudo, amor".

Conheci o autor quando ainda era estudante de Direito, na Universidade Federal do Maranhão, há mais de vinte anos, tempo em que uma geração de futuros bacharéis era sacudida pelas ideias transformadoras de então, manifestadas pelas lições de alguns mestres que tanto influenciaram a formação crítica militante, engajada, daqueles jovens estudantes.

Alan Paiva vem daí, forjado nas inquietações daquele momento histórico, mas sempre impregnado de um forte sentimento de busca do essencial, da transcendentalidade que move seu agir humano e profissional "em comunhão com Deus e com os homens e mulheres deste mundo".

É esta a proposta maior contida na travessia que ele faz, "com perseverança e amor", registrada em *Amor sem limites*.

Helena Barros Heluy
Advogada criminal, jornalista, procuradora de Justiça do Ministério Público do Estado do Maranhão aposentada, e professora aposentada do Curso de Direito da Universidade Federal do Maranhão. É fundadora e membro da Comissão Justiça e Paz da Arquidiocese de São Luís (MA).

"Eu vos dou um novo mandamento:
amai-vos uns aos outros.
Como eu vos amei, assim também vós deveis
amar-vos uns aos outros".
(Jo 13,34)

"Não julgueis, e não sereis julgados.
Pois com o mesmo julgamento com que julgardes
os outros sereis julgados;
e a mesma medida que usardes para os outros
servirá para vós".
(Mt 7,1-2)

"Caríssimos, amemo-nos uns aos outros,
porque o amor vem de Deus
e todo aquele que ama nasceu de Deus e conhece a Deus.
Quem não ama, não chegou a conhecer a Deus,
pois Deus é amor".
(1Jo 4,7-8)

Apresentação

No início de 2014, conheci a Fazenda do Amor Misericordioso – instituição de amparo e recuperação de dependentes químicos, ligada à ação social da Diocese de Pinheiro, na baixada maranhense – e o trabalho desenvolvido sob a coordenação do Padre João Mancini.

Como advogado criminal, ofereci-me para defender gratuitamente os internos que estavam sendo acusados da prática de algum crime. Desse modo, eu acreditava, como ainda acredito, estar contribuindo para o projeto de libertação que ali se realiza.

A Campanha da Fraternidade, com o tema: "Fraternidade – Igreja e sociedade", e o lema: "Eu vim para servir", tenciona convocar a Igreja a prestar serviço à sociedade. Diante disso, somos chamados, como verdadeiros cristãos, a ajudar nossos irmãos que vivem e sofrem o grave problema das drogas, que tanto mal tem causado à juventude.

A luta contra as drogas é a luta pela vida, e espera a participação e o compromisso de todos nós.

O Papa Francisco convoca a Igreja a ir às periferias do mundo, onde estão os pobres com seus clamores. Precisamos ir ao encontro deles, de seu sofrimento, de suas dores, de suas necessidades. É aí que encontraremos Jesus, que nos ensinou que amar é servir. Como ele disse a seus discípulos: "Quem quiser ser o maior entre vós seja aquele que vos serve" (Mt 20,26).

Portanto, somos todos convidados a realizar, com os talentos que nos foram dados por Deus, esse ato de amor e fé cristã. Só assim poderemos construir uma sociedade justa, fraterna e solidária.

Nestas páginas, escrevo sobre o trabalho realizado com dependentes químicos que chegam à fazenda em busca de acolhimento e auxílio. Esse projeto divino tem resgatado muitos jovens do mundo das drogas e da criminalidade. E também muito tem feito para a construção do Reino de Deus.

Espero que minhas palavras alcancem o coração dos leitores e os animem a responder ao chamado daquele que veio ao mundo para servir e dar a vida em resgate de muitos. Afinal de contas, "A colheita é grande, mas os trabalhadores são poucos" (Mt 9,37).

Na verdade, todos nós viemos para servir, como é a vontade do nosso Pai que está no céu. Para isso, precisamos sair do comodismo e ir ao encontro do outro com espírito de serviço, fé inabalável e amor sem limites.

Alan Paiva

A travessia

Levanto-me às cinco da manhã. O céu ainda está escuro quando saio de casa apressado e pego o carro que me leva até a Ponta da Espera. Tem sido assim desde que minha mulher se mudou para essa cidade, desde que comecei o trabalho na fazenda.

De tempos em tempos, faço a travessia da Baía de São Marcos para depois seguir de carro até Pinheiro. Não me arrependo em momento algum do caminho que resolvi seguir. Fiz apenas o que mandou meu coração.

Encontro-me agora a poucas horas do meu destino. As primeiras luzes da manhã banham as águas pardas, que acordam agitadas. Apesar das ondas, a viagem é tranquila. A força que vem do mar me empurra para o outro lado, onde o futuro está a minha espera.

"Tudo é novo para mim, e tudo agora faz sentido", penso, enquanto a embarcação avança sobre o mar levando dezenas de pessoas e automóveis.

Há pouco tempo, eu estava em busca de um sentido para a vida. De repente, tudo mudou, tudo começou a fazer sentido. Na travessia, descobri o meu caminho. Não sei aonde me levará esse caminho imprevisto e misterioso. Sigo caminhando com amor, fé e esperança.

Faço a travessia como quem cumpre um destino. Não me cabe questionar as razões ocultas que me levam a isso. A travessia já faz parte de mim, está dentro de mim, sou eu. Em pouco tempo, tomou conta do meu coração, do meu pensamento, de todo o meu ser.

Quando estou no mar e sinto o vento tocar meu rosto, tenho a impressão de que sou feliz. Porque cumpro meu destino com perseverança e amor.

Do outro lado, naquela pequena cidade do interior, homens cansados tentam escapar da tragédia de suas vidas. A velha luta do ser humano contra o inumano que existe dentro de cada um de nós. E essa luta, na qual tantas vezes se perde a esperança, parece não ter fim.

Isso terá um fim algum dia?

Esses homens são nossos irmãos necessitados, lutando pela vida. Homens como nós, com o seu mal e o seu bem. Todos os dias, eles travam a batalha do bem contra o mal. Todas as manhãs, despertam para mais um combate, no qual, só por hoje, poderão sair vencedores.

Esta manhã não será diferente. Debaixo do céu, um novo combate irá começar daqui a pouco.

É a luta do homem contra as drogas que lhe consomem a existência, arrastando-o para o vício, a miséria, o crime. É uma batalha espiritual que só pode ser vencida com vontade, fé e oração. E com o poder do amor, que cura todos os males da alma.

Nós somos o sal da terra e a luz do mundo, penso nisso durante a travessia para o outro lado da vida, de mim mesmo.

Na estrada

Após uma hora e meia de travessia, o *ferryboat* atraca no lugar chamado Cujupe. O movimento de carros e de pessoas é intenso. Paro para um café, antes de pegar a estrada até Pinheiro. Tenho mais uma hora de viagem pela frente. São quase nove da manhã.

Penso em Maria Fernanda, mas não posso ligar para ela porque aqui não há sinal de celular. Penso também na fazenda, onde os rapazes estão a minha espera. A luta começou logo cedo, não há tempo a perder. Então, pego a estrada e sigo meu destino.

Durante a viagem, o sol é a única testemunha dos meus pensamentos. São os pensamentos de alguém que há pouco tempo descobriu o significado da palavra conversão.

Penso novamente na minha mulher, no caminho que resolvemos trilhar juntos, sem dúvidas e sem medo. Converter-se é, antes de tudo, transformar-se. Nós transformamos nossas vidas guiados pelo amor divino e pelo amor que sentimos um pelo outro.

O acaso nos levou até aquela cidade, e logo começamos o trabalho na fazenda, onde tantas vidas são resgatadas das drogas e da criminalidade. Desde então, travamos uma intensa e muitas vezes desesperadora batalha espiritual.

Penso em tudo isso sem tirar os olhos da estrada, na qual tantas vidas já se perderam.

Há dias sem ver Maria Fernanda, sinto muito sua falta. Gostaria de poder abraçá-la e beijá-la na minha chegada, embora saiba que neste momento ela já está trabalhando. Faz pouco tempo que assumiu a direção de uma grande escola naquela cidade.

Nessa escola, meninos e meninas lutam contra a miséria, a ignorância e a exclusão. Todos os dias, alimentam a crença num futuro diferente daquele que fora reservado a seus pais. Apesar da pobreza extrema, a educação que recebem lhes permite ter esperança.

Na fazenda, muitos já perderam a esperança. Eles já não vivem, não sonham e não esperam nada da vida. A droga lhes tirou tudo o que tinham, ou quase tudo. E, ainda por cima, os empurrou para a criminalidade. Alguns já estiveram na prisão e não querem, de maneira alguma, retornar.

Ao chegarem ali para uma permanência de nove meses, tudo o que desejam é se verem livres de tudo isso. Muitos conseguirão. Muitos lograrão terminar a caminhada e retomar suas vidas, enquanto outros não irão resistir ao forte apelo das drogas.

Recair significa voltar para o fundo do poço. Apesar de todos os esforços, é comum que alguns acabem recaindo. Afinal, são seres humanos numa luta constante contra a dependência química.

De repente, avisto os campos e lagos daquela cidade da baixada maranhense. Naquele recanto pobre do mundo, escreve-se mais um capítulo da história da salvação dos homens.

A cidade

Chego à cidade naquela manhã e vou direto para casa. É uma casa simples, pequena, com algum conforto. Nós a alugamos assim que Maria Fernanda começou a trabalhar na escola, há pouco mais de um ano. No início, costumava visitar essa cidade por poucos dias. Depois, veio o chamado para trabalhar na fazenda. Estávamos ali, lembro-me bem, assistindo a uma missa num domingo pela manhã. Não sei dizer exatamente em que momento senti esse chamado, mas a verdade é que aconteceu.

No dia seguinte, procurei o Padre João Mancini, coordenador da fazenda, e me ofereci para ajudá-lo no seu trabalho. Como advogado criminal, poderia defender gratuitamente aqueles que estivessem respondendo a processos na justiça. Ele aceitou na mesma hora, mostrando que eu estava fazendo a coisa certa.

Aqueles jovens precisavam se libertar não só das drogas, mas também dos crimes que foram levados a cometer. Precisavam se ver livres de qualquer acusação para retomar suas vidas e seguir por outro caminho. Deus nos criou para a liberdade, e eles estavam aprisionados.

"Foi o Espírito Santo que chamou você aqui", disse-me o padre naquele dia. Desde então, ele tem demonstrado uma profunda compreensão por meu trabalho, assim como tem dado o apoio de que necessito para realizá-lo.

Lembro-me de suas palavras com um sorriso e nesse momento estaciono o carro em frente à minha casa, meu canto de paz, como costumo chamá-la. Tudo nela é simples, modesto, acolhedor. Desde o início, eu e minha mulher decidimos viver ali com simplicidade e humildade.

Um sentimento do que é essencial tem nos conduzido até aqui. Ao assumirmos essa missão, ou mesmo antes, não renunciamos apenas à bebida que tanto apreciávamos, renunciamos ao luxo e a tudo aquilo que alimenta a vaidade humana.

Vaidade é uma palavra que vem do latim *vanitas*, que também significa vazio. Um vazio que conhecemos tão bem.

Naquela pequena cidade do interior, naquela casa humilde, no caminho que resolvemos seguir, tudo tem sabor de felicidade. Aqui, pudemos conhecer e vivenciar alegrias verdadeiras.

Entro na casa vazia e sinto a falta de Maria Fernanda. Sei que, como todas as manhãs, ela está trabalhando, mas meu coração se entristece. Às vezes, parece que estamos juntos há uma eternidade. E, no entanto, faz tão pouco tempo!

A ausência dela se torna cada vez mais insuportável. O calor também está insuportável. Então, sem ter nada para fazer, resolvo sair, não sem antes tomar banho e trocar de roupa.

Lá fora, tudo está como antes de minha partida. Procuro fazer algo para passar o tempo, mas não encontro. Procuro uma livraria (a minha velha paixão pelos livros, pela literatura), mas não existe uma só livraria na cidade. "Como as pessoas leem, afinal?", eu me pergunto, e sigo em frente esperando a hora de reencontrar a mulher que tanto amo.

O tempo demora a passar, como acontece sempre que queremos apressá-lo. Enquanto isso, dou voltas pela cidade conhecida como "A Princesa da Baixada", sem saber para onde ir.

"À tarde, depois de me reencontrar com Maria Fernanda, irei para a fazenda", penso, enquanto dirijo. É naquele ambiente agradável, entre as árvores e aquelas pessoas marcadas pela dependência química, que aprendo o verdadeiro significado do mandamento divino: "amarás teu próximo como a ti mesmo" (Mt 22,39).

Mais do que nossos próximos, eles são nossos irmãos doentes, que necessitam de amor e compreensão.

A fazenda

Distante uns cinco quilômetros de Pinheiro, fica a Fazenda do Amor Misericordioso. No trajeto que percorro de carro, vejo os campos extensos, alagados, e fico feliz por voltar ali. De algum modo, sinto já fazer parte daquele lugar.

Ainda há pouco, Maria Fernanda me falava com entusiasmo do seu trabalho na escola, dos fatos surpreendentes que acontecem por lá. São histórias de carência material e afetiva que comovem e nos fazem pensar em nossas próprias filhas.

"É preciso amar aqueles meninos e aquelas meninas como se fossem nossos filhos e filhas", penso nesse momento. "Assim como devemos amar os rapazes da fazenda como nossos irmãos, não importa o que tenham feito." Se amamos a Deus, devemos amar também o nosso irmão. "E este é o mandamento que dele recebemos: quem ama a Deus, ame também seu irmão" (1Jo 4,21).

Apesar dos rostos endurecidos, dos corpos cheios de cicatrizes, eles possuem uma enorme carência de afeto e de atenção. A miséria e a dependência que têm caracterizado suas vidas deixam marcas profundas no corpo e na alma.

O trabalho que Maria Fernanda realiza na escola, com amor e dedicação, se parece muito com meu trabalho na fazenda. Afinal, lidamos com seres humanos em situação extrema de pobreza e de abandono que precisam resgatar sua dignidade para continuar vivendo.

Trata-se, na verdade, em ambas as situações, de salvar vidas da marginalização, da ignorância, da exclusão e da falta de perspectiva que tudo isso acarreta. Trata-se, portanto, de um resgate de almas.

Chego diante do portão sempre aberto, à beira da estrada, da Fazenda do Amor Misericordioso. Esse nome me parece uma redundância.

O amor não é sempre misericordioso? Talvez queira exatamente ressaltar esse aspecto do amor de Deus.

Sigo por um caminho estreito de terra batida, cercado de flores, e logo avisto a imagem de Santa Teresinha do Menino Jesus. Paro o carro e vejo alguém vindo em minha direção. É Jamós, que se aproxima e me abraça sorrindo. Seguindo seu exemplo, outros vêm me cumprimentar com alegria e me falam dos últimos acontecimentos.

Estou diante de pessoas que perderam tudo para as drogas, menos sua humanidade, sua extraordinária capacidade de resistência e de superação. Sobreviveram à tragédia que se abateu sobre sua vida e suas famílias, que também sofrem as consequências.

Os rapazes vêm até mim dizer que oram por mim todas as noites. Fico agradecido e comovido com isso. A fé e a oração têm me dado forças para essa tarefa, são como escudos que me protegem na realização desse trabalho. Também servem de proteção para aqueles jovens que lutam contra a dependência.

Um deles conta-me que todos os dias lhe vem a tentação de voltar para o mundo das drogas e da criminalidade, e que esse sentimento só o deixa quando, na capela, reza fervorosamente.

Na aparente calmaria daquele lugar, uma grande batalha espiritual é travada, sem trégua. E eles têm consciência de que sozinhos, afastados de Deus, jamais conseguirão vencê-la.

Logo surge o Padre João Mancini. Seu sorriso e seu entusiasmo são contagiantes. Ele tem feito de tudo para mudar a vida daqueles jovens, dos quais cuida como se fossem seus próprios filhos. Dedica-se integralmente a essa missão, com amor e humildade, ciente de que faz parte de um projeto divino.

Ao vê-lo, recordo-me das palavras do apóstolo Tiago, segundo as quais somos justificados pelas nossas obras e não somente pela nossa fé. Ele nos diz ainda que: "Assim como o corpo sem o espírito é morto, assim também a fé, sem as obras, é morta" (Tg 2,26). "Eis aí um homem cujas obras são o espelho da sua fé", penso nesse instante.

A sociedade não lhe nega apoio, contribuindo com doações, serviços e emprego para os que concluem "a caminhada", como chamam o período de nove meses que passam lá. Embora se saiba que a luta contra a dependência química jamais tem fim.

Alguns jovens desistem, abandonam a caminhada. Enquanto outros, depois de completarem esse período, manifestam o desejo de permanecer trabalhando na fazenda, como retribuição pelo apoio ali recebido. Ajudam seus irmãos, após terem sido ajudados.

Um dos rapazes me explicou a razão desses nove meses. "Nos primeiros meses", diz ele, "é grande a tentação de voltar para aquela vida de drogas e de crimes. Essa vontade só vai embora lá pelo quarto mês, depois de muita oração".

Tendo como principal arma nessa luta a oração, é nela que eles se apegam e depositam suas esperanças. Todos os dias, pela manhã, se reúnem com o padre na capela para um momento de diálogo e de oração. Sempre que posso, participo dessas reuniões e escuto os depoimentos desses sobreviventes.

São Francisco de Assis, Santa Teresinha e São Damião de Molokai assistem a tudo o que acontece ali. São os representantes de Deus no trabalho de resgatar aquelas pessoas. E cumprem bem essa tarefa, mostrando que o amor divino é misericordioso e não conhece limites.

Os crimes

Esses jovens precisam se livrar não só das drogas, mas também dos crimes que foram levados a cometer, os quais abrangem desde pequenos delitos, como furtos e danos, a práticas violentas, como roubo e homicídio. Além disso, alguns já se envolveram com o tráfico.

Quando chegam à fazenda, não são indagados, em hipótese alguma, sobre o que fizeram. O padre simplesmente os acolhe, com o coração em festa, como na parábola do filho pródigo. Mas, nas reuniões matutinas realizadas na capela, é possível saber o que alguns, mais dispostos a confessar, fizeram no passado recente.

Através de testemunhos comoventes, embora numa linguagem despida de sentimentalismo, narram seus erros como uma confissão. Arrependidos, confessam seus pecados como um pedido de ajuda. É o arrependimento tardio do culpado que busca expiar seu crime e ser perdoado. É a fragilidade do ser humano diante do flagelo das drogas.

Quando um deles fala, todos os outros prestam atenção, como alunos ouvindo a lição de um experiente professor. Às vezes, naqueles rostos maltratados, uma lágrima insiste em cair. Estabelece-se, nessas horas, uma conexão secreta, uma identidade entre o que fala e o que escuta. Ambos passaram pela mesma tragédia pessoal e familiar, sentiram a mesma dor e o mesmo sofrimento, foram incapazes de resistir ao canto da sereia que os levou para a "boca de fumo".

Acredito, como revelam as pesquisas sobre o tema, que mais de 80% dos crimes praticados no país tem relação direta ou indireta com as drogas, aí incluindo o álcool. Muitos são cometidos em razão de dívidas com traficantes, principalmente roubo e homicídio. Alguns rapazes relatam, inclusive, terem visto pessoas sendo assassinadas e temerem por sua vida. Eles sabem mais do que ninguém que traficantes não perdoam.

Após a reunião na capela, ainda sob a forte impressão daqueles testemunhos, dirijo-me para o escritório improvisado. É uma sala pequena, limpa, confortável, com uma mesa, duas cadeiras e um ventilador. Ali recebo os rapazes envolvidos em processos criminais. E é ali que verdadeiramente se desvela a alma humana. Como em qualquer escritório de advocacia criminal.

Ninguém pode exigir que eu seja um juiz, coisa que não posso ser. Afinal de contas, não estou lá para julgá-los, mas para defendê-los e, sobretudo, amá-los como seres humanos, com suas luzes e sombras. Cumpro essa missão com a esperança de ver renascer um homem novo, livre das drogas e dos crimes. Como escreveu o apóstolo Tiago: "Um só é o legislador e juiz: aquele que é capaz de salvar e de fazer perecer. Tu, porém, quem és, para julgares o teu próximo?" (Tg 4,12).

Alguns relatos chocam, ao mesmo tempo que despertam um sentimento de compaixão pela desgraça alheia. Lembro-me do relato de um jovem cuja mão se deteve no exato momento em que ia golpear a própria mãe com uma enxada. Ninguém escapa dos momentos de fúria e de desespero ocasionados pelas drogas, ninguém escapa do seu poder de destruição. Não foi sem dor que ele se recordou desse triste episódio.

Muitos foram abandonados pelas famílias, que não conseguiram conviver com a dependência e suas consequências desastrosas. A cruz se tornou pesada demais. Mas o trabalho na fazenda, em alguns casos, consegue reatar esses laços quase definitivamente rompidos. E o perdão é um instrumento precioso e necessário para que isso aconteça.

Estamos acostumados a ver nossos entes queridos apenas como vítimas, não como dependentes ou como autores de um delito. Quando isso acontece, invertem-se os papéis, e o pensamento muda. Passamos a ter outra visão da realidade que nos cerca.

Na verdade, a sociedade como um todo vive e sofre a tragédia das drogas e da crescente criminalidade. No entanto, muitas vezes fechamos os olhos para a responsabilidade que nos cabe nessa questão.

Como advogado criminal, defendo o acusado da prática de um crime, mas não defendo seu crime. Como disse Santo Agostinho, devemos odiar o pecado, mas amar o pecador. É com essa compreensão que realizo minha difícil tarefa.

Amor sem limites

Muito tenho aprendido nas reuniões matutinas realizadas na capela. O padre nos fala sobre a Palavra de Deus, sobre as drogas, assim como discorre, com firmeza e convicção, sobre a caminhada e as normas que devem ser respeitadas na fazenda.

Nessas ocasiões, a atenção de todos fica voltada para ele, a quem chamam de pai. Todos ficam presos às suas palavras cheias de sabedoria, dedicação e compaixão.

Alguns nomes são recorrentes nas conversas que ali têm lugar. São Francisco de Assis, Santa Teresinha, São Damião de Molokai, todos santos, todos pobres, todos humildes e incumbidos de uma missão divina que, nas pegadas de Jesus, vivenciou e ensinou o amor sem limites.

É esse sentimento que inspira e conduz o padre e do qual ele nos fala em suas pregações. É isso que procuro sentir, muito mais que compreender, no meu modesto trabalho. Tenho ainda muito a aprender com ele!

Provenientes de lares destruídos, e só conhecendo a linguagem do ódio e da violência, convivendo com toda sorte de privações, vivendo abaixo da linha da pobreza, esses jovens entram ali em contato, pela primeira vez em sua vida, com o amor misericordioso de Deus.

Muitos se deixam tocar por esse amor, porque sentem que sozinhos não conseguirão vencer a luta contra as drogas.

Eles são chamados também a conhecer e a viver o amor fraterno contido no antigo e sempre novo mandamento. Talvez, por isso, o ambiente na fazenda seja sempre de paz e oração. Aliás, a oração é o único remédio do qual se ouve falar ali. Um remédio diário e eficiente que tomam com prazer, certos de que assim estão se protegendo do mal.

Acreditam realmente nas palavras de Tiago: "A oração da fé salvará o enfermo, e o Senhor o levantará. E se tiver cometido pecados, receberá o perdão" (Tg 5,15). A oração, portanto, quando feita com fé, não só nos reconcilia com Deus como permite a cura do corpo e da alma.

A caminhada de nove meses é feita de trabalho, fé e oração. E também de estudo, já que muitos chegam sem saber ler nem escrever.

Triste realidade essa a que estão sujeitos. Não conseguem nem mesmo ler as normas que devem respeitar e obedecer. Assim, seguem ignorantes das leis dos homens e das leis de Deus.

Eles chegam famintos, maltrapilhos, desfigurados, vencidos pelas drogas, e são acolhidos com amor, que é auxílio e é misericórdia. Como disse Jesus no Sermão da Montanha: "Felizes os misericordiosos, porque alcançarão misericórdia" (Mt 5,7).

Numa dessas reuniões, conheci a história de Edimar. Criado por um traficante em Brasília, já tendo praticado vários homicídios, um dia ele entrou em contato com os Focolares e decidiu não cometer mais crimes. Por essa razão, foi assassinado pelo traficante. "Eu não mato mais", disse pouco antes de morrer.

O padre costuma repetir essas palavras na capela para que outros sigam seu exemplo e abandonem, de uma vez por todas, a vida de drogas e crimes. Uma súplica que também é dirigida a Deus. Não se pode esquecer que "A oração fervorosa do justo tem grande poder" (Tg 5,16). Sem dúvida alguma, a sua oração e o amor que ele traz no coração têm grande poder.

Um amor sem limites como aquele que vivenciou o jovem e pouco conhecido padre belga que, durante mais de quinze anos, cuidou de homens, mulheres e crianças que, acometidos pela hanseníase, eram jogados à própria sorte na Ilha de Molokai, no Havaí. Ele viveu numa identificação total com aqueles seres humanos condenados a viver e a morrer à míngua, distantes dos seus entes queridos e da civilização.

É esse amor que vemos no exemplo do Padre João Mancini, ao abraçar a causa dos dependentes químicos, também doentes e discriminados, miseráveis e vencidos, porém jamais esquecidos por certo nazareno que passou por este mundo. O mesmo amor que vivenciei, durante a missa em que me senti chamado para realizar aquele trabalho na fazenda.

Naquele dia, tomei a decisão de exercer ali a minha vocação como advogado criminal e me dedicar à defesa daquelas pessoas marginalizadas, cujos crimes não são piores que os cometidos por muitos que gozam de boa reputação na chamada sociedade de homens de bem.

Vocação vem do latim *vocare*, que significa chamado. É o chamado que Deus faz a cada um de nós para cumprir uma missão. Naquela manhã, durante a Eucaristia, ouvi o chamado divino para defender aqueles que são pobres aos olhos do mundo!

A volta para casa

O sol já se está se pondo quando termino o atendimento na fazenda. Deixo o pequeno escritório e volto para casa pelo mesmo caminho de terra estreito e florido.

Antes de sair, o padre me oferece um vídeo para assistir em casa. Trata-se de um filme sobre Damião, o santo de Molokai, canonizado pelo Vaticano no ano de 2009. Ele amou e cuidou das pessoas abandonadas até mesmo depois de ficar doente. Viveu, sofreu e lutou com elas. Uma comovente história de amor, sacrifício e fé.

Penso no trabalho realizado pelo Padre João Mancini naquele lugar. E, inevitavelmente, vem-me a imagem da prisão, onde muitos vão parar após ingressarem na criminalidade. Os que estão ali agradecem por escaparem desse destino, não obstante o fato de que alguns já estiveram presos.

A fazenda tem conseguido algo que a prisão, com sua dramática realidade, jamais conseguirá: recuperar seres humanos e reintegrá-los à sociedade, trazê-los de volta livres das drogas e dos crimes.

Com sua violência e seletividade, as cadeias jamais atenderam a seus objetivos de prevenção e ressocialização. E, por isso, não combatem a criminalidade, existindo, na verdade, como autêntico fator criminógeno, como revelam diversos estudos.

Com efeito, a prisão incrementa a criminalidade a pretexto de combatê-la; não retira homens do mundo do crime, mas sim aperfeiçoa suas especialidades criminosas; não resgata almas, mas sim aprisiona destinos; não prepara para a vida, mas sim enclausura para a morte.

Por isso, costuma-se dizer, com razão, que o problema da prisão é a própria prisão.

É preciso reconhecer, no entanto, que essa instituição não está completamente falida, pois cumpre perfeitamente sua função de retribuição: ao mal do crime, o mal da pena. Na atual situação dos nossos presídios, amplamente divulgada pelos meios de comunicação, expiam-se todos os males, cometidos ou não.

Prevalece assim, no nosso sistema criminal, a pura vingança, sem qualquer preocupação em salvar o condenado, que se brutaliza cada vez mais, saindo dali pior do que quando entrou.

Na fazenda, diversamente do que ocorre no cárcere, procura-se restituir à sociedade homens limpos e recuperados. Muito tem sido feito nesse sentido. E é raro algum deles retornar ao submundo das drogas, após completar os nove meses de caminhada.

Preparados para o mundo, com seus apelos de consumo e de outros prazeres, eles sabem que dia a dia vão vencendo essa luta. Sem contar que ainda há o preconceito e o desemprego ameaçando sua caminhada lá fora, sendo que esta não dura só nove meses, mas a vida inteira.

Sabemos que não só o governo, mas a sociedade como um todo precisa assumir suas responsabilidades nessa questão. Precisamos nos conscientizar, definitivamente, de que somos todos responsáveis. Afinal, estamos ligados uns aos outros, de modo que esse é um mal que atinge a todos.

Na verdade, todos nós somos vítimas dessa situação alarmante. Por isso, precisamos apoiar e dar nossa contribuição para trabalhos como esse que alimenta a esperança na luta contra as drogas e na diminuição da violência.

Tiago escreveu que: "Quem faz voltar um pecador do seu caminho errado, salvará sua alma da morte e cobrirá uma multidão de pecados" (Tg 5,20). Trata-se, portanto, não só de salvar a vida de outro ser humano, mas a nossa própria vida.

A fazenda presta um relevante serviço para a sociedade. Através do amor fraterno, somos chamados a ajudar nossos irmãos nessa luta pela

29

vida. Cabe tão somente a nós a decisão de ajudá-los ou simplesmente cruzar os braços diante dessa triste realidade.

Refletindo sobre tudo isso, paro o carro em frente à escola onde Maria Fernanda trabalha. Foi naquela cidade do interior que verdadeiramente conhecemos o amor misericordioso de Deus. Agradeço a ele por essa oportunidade que mudou nossa vida para sempre.

Não sei aonde tudo isso nos irá levar, não penso nisso. Tudo o que desejo agora é chegar em casa e assistir, junto com minha mulher, ao filme sobre Molokai, a distante ilha do Pacífico onde um homem sozinho resgatou centenas de almas com um amor sem limites.

Conversão

Na capela, o padre nos exorta todos os dias à conversão. "É preciso converter-se para tornar-se uma nova pessoa", diz ele. Aqueles jovens querem ser felizes e logo compreendem que a felicidade passa necessariamente por essa decisão.

Não posso deixar de pensar no meu encontro com Maria Fernanda e na nossa própria conversão. Faz pouco tempo que transformamos completamente nossa vida. Foi assim que Deus nos tornou dignos e nos chamou para servi-lo ajudando nossos irmãos necessitados.

Esse é o verdadeiro sentido da palavra conversão. Transformar-se, pela graça divina, num homem novo, numa mulher nova. E viver o Evangelho em toda sua plenitude, imitando Jesus nas pequenas e nas grandes coisas da vida: "Sede, portanto, perfeitos como o vosso Pai celeste é perfeito" (Mt 5,48).

Fomos feitos à imagem e semelhança de Deus, portanto, nosso destino é a santidade. Os santos foram pessoas de carne e osso que superaram fraquezas, pecados e amaram seus semelhantes. Dedicaram a vida, com amor e humildade, ao serviço do Pai.

Nas árvores existentes na fazenda, é possível ver placas com palavras como: amor, fé, perdão, humildade, generosidade, perseverança. Como para lembrar o que é preciso para concluir a caminhada.

Eu também preciso me lembrar dessas palavras, gravá-las definitivamente no meu coração endurecido pelos reveses da vida.

A paz que ali se respira em nada se assemelha ao ar contaminado das cidades cujas ruas foram testemunhas da sua dependência e dos seus crimes. Os jovens que vivem na fazenda a comparam ao paraíso, mas sabem que bem perto dali as portas do inferno estão sempre abertas.

Logo descobrem que precisam converter-se e fortalecer-se espiritualmente, através da fé e da oração, para enfrentar o mundo que os espera com suas tentações. É preciso vontade e, sobretudo, coragem para resistir a essas tentações.

Assim escreveu o apóstolo João: "Não ameis o mundo, nem o que há no mundo. Se alguém ama o mundo, não está nele o amor do Pai. Porque tudo o que há no mundo – a concupiscência da carne, a concupiscência dos olhos e a ostentação da riqueza – não vem do Pai, mas do mundo" (1Jo 2,15-16).

Portanto, é preciso transformar-se e espelhar-se naquele que venceu este mundo!

Nos seus testemunhos, os rapazes confessam o desejo de se tornar homens novos, livres das drogas e da criminalidade. "Eu não quero mais matar ninguém", disse-me um dos rapazes com lágrima nos olhos. Uma confissão inesperada que me comoveu e me fez lembrar a história de Edimar, que disse "eu não mato mais" e perdeu a vida por isso.

Naquele lugar afastado do mundo, eles têm a oportunidade de se confrontar com seus erros, com as causas da sua queda e as feridas profundas do seu coração, mas também com suas aspirações de menino, quando ainda estavam limpos e tinham sonhos como qualquer ser humano, antes de se sujarem nesse mar de lama.

O local onde compravam e usavam drogas na cidade de Pinheiro chama-se, não por acaso, de Rua da Lama. Era ali que tomavam assento diariamente no banquete da morte oferecido pelo traficante.

Na fazenda, no entanto, são convidados para o banquete da vida que lhes restaura o corpo e o espírito. Infelizmente, são muitos os que recusam esse convite.

Um dia na fazenda

O processo de recuperação e de reinserção social dos jovens envolve espiritualidade, educação, trabalho, lazer, acompanhamento médico e psicológico, além de práticas esportivas. Tudo isso contribui para a formação integral, que permite o retorno à vida social, familiar e espiritual.

O dia tem início com a reunião na capela, às sete horas, depois do café da manhã. Após um momento de silêncio, reza-se a oração matinal, seguida da celebração da Palavra com a reflexão do padre e a partilha à luz da realidade pessoal dos internos. É o encontro com a Verdade libertadora e transformadora que faz surgir um novo homem.

Nesse momento, todos são convidados a dar seu testemunho. Alguns demoram mais do que outros a falar sobre sua vida e sua dependência. Entretanto, mais cedo ou mais tarde, acabam sentindo a necessidade de compartilhar seus pensamentos, seus problemas e suas angústias com os irmãos de caminhada que ali estão na mesma situação.

Após esse momento de oração e de reflexão, os internos deixam a capela e se dirigem para o trabalho. Cada um assume suas tarefas do dia, seja na lavoura, na limpeza, na cozinha ou em qualquer outra atividade da fazenda. A laborterapia é utilizada como peça fundamental do projeto.

Durante o dia, eles fazem anotações num caderno sobre a Palavra do dia proclamada e vivenciada, para depois entregar ao Padre João Mancini que, ciente das dificuldades que enfrentam, está sempre repetindo a recomendação de Paulo: "Sede vigilantes, permanecei firmes na fé, sede corajosos, sede fortes; e o vosso proceder seja todo inspirado no amor" (1Cor 16,13-14).

Costumo fazer o atendimento logo após a reunião. Informo-lhes sobre o andamento dos processos ou assumo algum novo caso. Às vezes, percebo que querem apenas ouvir uma palavra amiga, então converso sobre suas vidas, sobre a caminhada, inclusive sobre dificuldades e atritos porventura existentes entre eles. Não se pode esquecer que se está diante de homens que tiveram experiências terríveis e que se encontram numa luta diária contra a dependência e os defeitos de caráter.

Ao meio-dia, o sino toca chamando para o almoço, ocasião em que se encontram no refeitório. São os próprios internos que preparam a comida e cuidam das demais tarefas da cozinha. A divisão do trabalho é aceita por todos sem questionamento. Aliás, essa condição lhes é comunicada no momento em que entram naquela instituição de amparo e recuperação.

Depois do almoço, há um momento de descanso antes do retorno às atividades habituais. Na parte da tarde, eles têm aula com uma professora da rede municipal de ensino e agente da Pastoral da Sobriedade, que há dez anos serve a comunidade. A instrução e o respeito ao ser humano são fundamentais para que possam resgatar a dignidade e a cidadania.

Entre uma atividade e outra, costumam ir à capela para um momento de oração. Diante do sacrário, rezam pela libertação e pela salvação de sua alma. Mas sabem que isso só será possível se assumirem a própria cruz e lutarem corajosamente com amor, fé e esperança. Assim falou Jesus: "Se alguém quer vir após mim, renuncie a si mesmo, tome sua cruz e siga-me" (Mt 16,24).

A vida na fazenda, para aqueles rapazes, com seus problemas e desafios, não é fácil. Pelo contrário, sabemos que a luta contra as drogas é cheia de obstáculos, e eles logo tomam consciência das dificuldades que terão de enfrentar e de vencer com o próprio esforço para que possam um dia se libertar.

No fim da tarde, todos se reúnem no campo de futebol para jogar bola ou simplesmente caminhar e conversar ao redor do campo. Às vezes, algumas pessoas de fora vão até lá jogar com eles, o que os deixa contentes e motivados. Afinal, tudo o que desejam é retornar como homens livres e serem aceitos pela mesma sociedade que os excluiu.

O dia termina com a oração do salmo do dia no dormitório, que acontece por volta das vinte e uma horas. Antes disso, às dezoito horas e trinta, rezam o terço com o Padre João Mancini, que não cansa nunca e que está sempre realizando alguma tarefa. Ele sabe das enormes dificuldades do trabalho de resgatar aquelas vidas e cumpre sua missão com disposição invejável e fé inquebrantável.

Para onde ir?

Ao terminar o período de internação ali na fazenda, alguns voltam para suas famílias, enquanto outros preferem permanecer mais algum tempo e ajudar o padre no trabalho. Nesse momento de decisão, todos se deparam com a seguinte pergunta: "Para onde vou?".

Vindos de lares destruídos, muitos não têm para onde voltar. Há também aqueles que não querem retornar para sua cidade de origem, ou mesmo para sua família, por medo de sofrerem uma recaída (alguns têm pais ou irmãos dependentes também).

O desafio de voltar para o mundo, com suas tentações, os assusta, é verdade. Estarão realmente preparados para a vida lá fora? No fim, todos são chamados a vencer seus medos e a assumir suas responsabilidades para com eles, a família e a sociedade.

O medo, a vergonha e o sentimento de culpa pelo que fizeram, sob a influência das drogas, constituem grandes entraves para a conquista da liberdade. Além do medo natural de algum ato de vingança por parte das vítimas ou de seus familiares, existe ainda o medo decorrente de dívidas contraídas com traficantes, as quais não têm como quitar.

Na fazenda, são estimulados a reatar os laços familiares rompidos por causa da dependência química. Uma vez por mês, recebem a visita dos parentes, que os incentivam a prosseguir. Todos participam, comovidos, dos relatos cheios de dor e de arrependimento que acontecem nessas ocasiões. Cenas de um filme ruim que só desejam esquecer.

Essa é uma valiosa oportunidade para o perdão e a reconciliação com os entes queridos. Eles necessitam do perdão dessas pessoas, sobretudo daquelas a quem fizeram sofrer com suas ações. Mas também precisam perdoar a si mesmos para que possam se libertar.

Está escrito no Evangelho de Mateus: "Pedro dirigiu-se a Jesus perguntando: 'Senhor, quantas vezes devo perdoar, se meu irmão pecar contra mim? Até sete vezes?' Jesus respondeu: 'Digo-te, não até sete vezes, mas até setenta vezes sete vezes'" (Mt 18,21-22).

Desse modo, é infinita a possibilidade do perdão em nossas vidas. É preciso perdoar de coração o nosso irmão. Amor sem limites, perdão sem limites. Amor até mesmo pelos nossos inimigos, perdão até mesmo diante das ofensas mais graves. É assim que devemos compreender essa questão, se quisermos alcançar o Reino dos Céus.

Esses jovens foram chamados para uma caminhada de libertação, que fazem em comunhão uns com os outros, ajudando-se mutuamente como verdadeiros irmãos, filhos do mesmo Pai amoroso e misericordioso. Apesar das discórdias que se verificam aqui e ali, sabem que sozinhos não conseguirão concluir. Quando alguém cogita ir embora – o que ocorre com certa frequência –, eles tentam convencê-lo a não desistir, e muitas vezes conseguem.

Completados os nove meses, ou mesmo antes disso, surge a pergunta: "E agora, para onde ir?". Muitos realmente não sabem a resposta, mas sentem que não podem jamais se afastar de Deus, porque senão irão sucumbir. Precisam orar e vigiar sempre, como na advertência bíblica. Pelo resto de suas vidas.

Eles adquirem a consciência de que as alegrias prometidas na caminhada duram para sempre, ao contrário do que ocorre com a alegria efêmera e enganadora proporcionada pelo álcool e pelas demais drogas. Esse tipo de alegria não vale a ressaca moral, a angústia e o grande vazio que deixa no dia seguinte.

Com efeito, as verdadeiras alegrias, as mais duradouras, aquelas consideradas eternas, só podem ser alcançadas e experimentadas através de uma vida sóbria e vigilante, por um coração que se deixou tocar e se transformar pelo grande amor de Deus.

"Foi assim que o amor de Deus se manifestou entre nós: Deus enviou o seu Filho único ao mundo, para que tenhamos a vida por meio dele. Nisto consiste o amor: não fomos nós que amamos a Deus, mas foi ele que nos amou e enviou o seu Filho como oferenda de expiação pelos nossos pecados" (1Jo 4,9-10).

"Para onde ir?", muitos se perguntam. E a resposta é: "Vocês precisam voltar para Deus!".

Mantendo os laços

Muitos são os que romperam os laços com suas famílias – pai, mãe, mulher, filhos –, que não suportaram viver no inferno instaurado pelas drogas. Nesse mundo decaído, prevalece a agressividade, a violência, o crime e tudo aquilo que atenta contra a dignidade do dependente químico e de seus familiares. A droga envolve a todos na sua perversa realidade.

Diante disso, nada mais "natural" que o abandono e, muitas vezes, o desprezo por parte dos parentes, que culpam o dependente pelo seu comportamento agressivo e até mesmo criminoso. No entanto, durante a caminhada, esse jovem descobre que, na verdade, foi ele que abandonou sua família por causa das drogas.

A fazenda, na medida do possível, tenta reatar esses laços. No segundo domingo de cada mês, acontece uma celebração solene com os familiares, os benfeitores e os agentes da Pastoral da Sobriedade. Nela se dá a ação de graças pelos que estão concluindo os nove meses, a primeira etapa de um longo caminhar na sobriedade. E é o momento de todos ouvirem os testemunhos daqueles jovens que buscam desesperadamente a sua libertação e que aproveitam essa oportunidade para pedir perdão pelo que fizeram.

Só através do amor é possível resgatar a relação familiar prejudicada. E não pode haver amor sem a possibilidade de perdão. Perdoar é amar de novo, é deixar que o amor cure todas as feridas, vença todos os medos e nos devolva a paz. Por meio do perdão, somos chamados à reconciliação com o próximo e com Deus.

Como disse Jesus: "De fato, se vós perdoardes aos outros as suas faltas, vosso Pai que está nos céus também vos perdoará. Mas, se vós não perdoardes aos outros, vosso Pai também não perdoará as vossas faltas" (Mt 6,14-15).

Dessa forma, através do amor e do perdão, a família é chamada a colaborar no processo de recuperação e de reinserção social do dependente químico, o que nem sempre é fácil. Em muitos casos, a mágoa, o rancor e a desesperança prevalecem, dificultando a aproximação dos familiares, que sequer vão à fazenda nos dias de visita.

Houve até uma das mães que, por amor a seu filho, lutou muito para tirá-lo do mundo das drogas, e que só aceitou visitá-lo após uma longa conversa. Ela estava com medo do próprio filho e já não acreditava na sua recuperação. Tinha perdido qualquer esperança. Não só ele era prisioneiro, mas ela também se encontrava aprisionada. Precisava, portanto, perdoá-lo e perdoar a si mesma para libertar-se e continuar vivendo sem medo e sem culpas.

O perdão liberta o coração preso a mágoas e ressentimentos do passado. Liberta aquele que recebe, mas também, e principalmente, aquele que recebe o perdão. Não é uma demonstração de fraqueza, mas o próprio amor divino se manifestando em nós com sua força incomparável. Assim, somos convidados a fazer experiência da vida verdadeira, que não impõe limites para nossa inesgotável capacidade de amar e de perdoar.

Amor sem limites, perdão sem limites. Só assim poderemos experimentar o milagre do amor misericordioso de Deus.

Todos nós somos perfeitamente capazes de perdoar, desde que nos livremos do orgulho e do ódio que nos dominam. Precisamos realmente dar e receber perdão, lembrando sempre que "é dando que se recebe, é perdoando que se é perdoado", como na oração de São Francisco.

Assim, a família deve acolher e incentivar o dependente em sua caminhada. E não apenas na fazenda, mas também quando ele estiver do lado de fora, em meio às ciladas e tentações que ameaçam o caminho daquele que tenta resgatar sua dignidade e cidadania.

Esse apoio é imprescindível para que esse jovem retome os estudos, o trabalho, e continue a vivenciar o projeto participando de grupos de ajuda como a Pastoral da Sobriedade, da Igreja Católica, a qual desenvolve um trabalho baseado nos doze passos: admitir, confiar, entregar, arrepender-se, confessar, renascer, reparar, professar a fé, orar e vigiar, servir, celebrar e festejar.

Em comunhão com a Igreja, com a família e com a comunidade, fica mais fácil vencer a luta diária, vivendo na sobriedade e com a consciência de ser um autêntico discípulo missionário.

Auxílio mútuo

Durante a caminhada, os internos têm a oportunidade de aprender os novos valores que vão prepará-los para o retorno à sociedade. Como homens novos, livres das drogas e da criminalidade, poderão retomar suas vidas e seguir por outro caminho que não o da Rua da Lama, ou por qualquer outro lugar desse tipo, como tantos que existem por aí.

Esse percurso, que dura nove meses, é feito em comunhão com outros jovens que também sofreram com a dependência química. Por isso, precisam se ajudar uns aos outros como verdadeiros irmãos, precisam dar e receber auxílio para, de mãos dadas, vencerem os obstáculos que vão surgindo, e que não são poucos. Afinal, ninguém se liberta sozinho.

Deve prevalecer a regra de ouro da qual nos fala o Evangelho de Mateus: "Tudo, portanto, quanto desejais que os outros vos façam, fazei-o, vós também, a eles" (Mt 7,12). Trata-se, nesse caso, de fazer aos outros irmãos aquilo que desejamos para nós mesmos, de proporcionar-lhes aquilo que gostaríamos de receber da vida.

Nessa tarefa, todos esses jovens são convocados a superar suas diferenças e desavenças e a buscar a cura. Para isso, contam com a colaboração e a orientação dos coordenadores que colaboram no trabalho do Padre João Mancini. Com a experiência ali adquirida e, sobretudo, com seu exemplo, eles podem ajudar os irmãos a superarem as dificuldades, observarem as regras da fazenda e concluírem a caminhada.

Eles se apresentam para o serviço voluntariamente, diante da necessidade, sentindo-se chamados para a missão. Estão a serviço dos irmãos que, por sua vez, devem colaborar na construção de uma comunidade fraterna, buscando viver a experiência do amor misericordioso.

Entretanto, muitos não aceitam seguir as orientações e acabam deixando a fazenda, levando consigo o ódio, o orgulho e o egoísmo que os acompanham desde sempre e que nada valem diante daquele traficante que os submetem a toda sorte de humilhações. Assim, deixam de obedecer às normas internas, para se submeterem às leis do tráfico, que os oprime.

Para aqueles que decidem ficar e respeitar – com discernimento, boa vontade e humildade – as orientações do padre e dos coordenadores (sem esquecer que o caminho é de cada um), bem como as regras de vida comunitária, esse auxílio se mostra de grande valor.

Diante do trabalho realizado ali na fazenda, o padre necessita dessa cooperação indispensável, sobretudo considerando que os jovens dirigentes já vivenciaram, como todos ali, problemas com as drogas e suas terríveis consequências, e concluíram sua própria caminhada.

Vale lembrar que até Cristo precisou de colaboradores na sua missão de anunciar o Reino de Deus.

A defesa

Assim que iniciei o meu trabalho na fazenda como advogado, compreendi que não bastava defendê-los na justiça criminal. Era preciso amá-los como verdadeiros irmãos.

Muitos estão sendo acusados de crimes que cometeram em virtude da dependência química. Praticaram crimes como furto, roubo, homicídio e latrocínio. As drogas lhes tiraram tudo e, de acréscimo, os empurraram para a criminalidade.

Como resultado desses delitos, alguns já estiveram na prisão e não desejam retornar. Mas têm consciência de que esse é o destino natural daqueles que seguem por esse caminho. A prisão ou a morte. Considerando a realidade das nossas prisões, essas palavras podem assumir o mesmo significado. Nesse aspecto, não pode haver qualquer ilusão.

Vejo aqueles jovens como filhos de Deus que merecem encontrar a luz e alcançar a salvação, a exemplo do que acontece com cada um de nós. Com essa compreensão, assumo gratuitamente a defesa deles, certo de que assim estou contribuindo para o projeto de libertação que se concretiza naquele lugar.

Procuro, da melhor forma possível, defendê-los contra os processos criminais a que estejam respondendo. No entanto, não é nada fácil fazer a defesa de réus pobres, sobretudo, diante de juízes que desconhecem a nossa realidade e as raízes da crescente criminalidade. Assim como desconhecem o complexo problema das drogas.

No nosso país, é mais fácil defender acusados ricos, que sempre contam com a benevolência da lei e da justiça, do que aqueles miseráveis que em um desgraçado dia de suas vidas cometeram algum delito. Esses últimos certamente serão condenados após sofrerem todo tipo de preconceito e de discriminação por parte de pessoas que, na verdade, deveriam garantir seus direitos.

Muitos juízes esquecem a advertência fundamental contida nas Sagradas Escrituras: "Não façais acepção de pessoas em vossos julgamentos" (Dt 1,17). Tiago escreveu: "Mas se fazeis acepção de pessoas, cometeis pecado e a Lei vos acusa como transgressores" (Tg, 2,9). Assim, de juízes eles passam a acusados e culpados perante a única lei eterna e imutável à qual um dia terão que prestar contas.

A justiça de Pinheiro tem revelado uma elevada compreensão desse grave problema. Acredito que o trabalho realizado pelo Padre João Mancini muito tem contribuído para isso. Um dos juízes, ao conhecer a fazenda e ouvir os testemunhos na capela, chorou de emoção. Que essas lágrimas possam regar a esperança numa justiça mais humana e comprometida com a libertação do povo de Deus.

Assumir a defesa desses jovens (alguns nem tão jovens assim) num processo criminal é, para mim, um ato de amor e de solidariedade. Essa é a minha missão e a minha redenção. Entretanto, o papel do advogado, nesse caso, não se restringe aos processos. Dele se exige, muitas vezes, uma palavra de conforto ou de incentivo que pode servir de ajuda na libertação de seres humanos aprisionados pela dependência química.

Como se pode ver, na minha profissão sou chamado a socorrer também aqueles que sofrem a tragédia das drogas, na esperança de que o Governo e a sociedade civil despertem para a grande responsabilidade que possuem perante essa questão.

Nessa tarefa, encontrei o sentido da minha profissão e da minha própria vida. E, no serviço ao próximo, redescobri a fé. Na defesa dos nossos irmãos dependentes químicos, encontrei o meu caminho e a minha verdadeira vocação.

Ao seguir, num momento difícil da vida, essa vocação, esse chamado silencioso do coração, nada mais fiz que pôr a minha beca e a minha palavra a serviço dos excluídos e marginalizados deste mundo.

O mundo

Não é nada fácil para esses jovens, como para qualquer outra pessoa, se afastar do mundo, com seus apelos impostos a todo instante pela mídia e aceitos como normais pela sociedade de consumo.

Nesse tipo de sociedade, consomem-se não só produtos necessários à vida, mas também aqueles que nos são apresentados como necessários e que, na verdade, não passam de coisas supérfluas. No entanto, a estes últimos dedicamos nosso dinheiro, nosso trabalho, nosso tempo e até mesmo nossa vida.

Vivemos numa época em que tudo é descartável: as coisas e as pessoas. Passamos a vida perseguindo coisas que jamais proporcionarão felicidade a quem quer que seja e reclamamos que não somos felizes. Esquecemos frequentemente estas palavras: "Pois onde estiver o teu tesouro, aí estará também o teu coração" (Mt 6,21).

Se prestássemos mais atenção nas palavras de Jesus, poderíamos compreender a verdadeira razão da nossa infelicidade e de tantas vidas desperdiçadas nas drogas e no consumismo.

Também aqueles jovens pobres e doentes recebem o poderoso estímulo da mídia para consumirem cada vez mais e viverem cada vez menos. Incapazes de resistir a esse apelo e, ao mesmo tempo, impossibilitados de atendê-lo, procuram nas drogas e no crime o meio de satisfazer seus desejos "naturais" de consumo.

Isolados na fazenda, sentem na carne e no espírito a falta desse mundo do qual estão momentaneamente afastados. "O mundo nos chama", dizem eles. Alguns atendem a esse chamado e logo retornam, enquanto outros o fazem após meses de caminhada. Os que ficam até o fim são aqueles que, através da vontade, da fé e da oração, conseguem resistir corajosamente. Como disse Jesus: "Mas quem perseverar até o fim, esse será salvo" (Mt 10,22).

Desde o momento em que chegam à fazenda, são aconselhados a se afastarem da vida lá fora e a buscar a cura (nada de celular ou de televisão durante nove meses). Também são instruídos sobre o ensinamento do apóstolo João, citado linhas atrás, segundo o qual quem ama o mundo não ama o Pai. Uma lição que serve para todos nós.

São Paulo escreveu o seguinte: "Se ressuscitastes com Cristo, buscai as coisas do alto, onde Cristo está entronizado à direita de Deus; cuidai das coisas do alto, não do que é da terra" (Cl 3,1-2).

Para os jovens aprisionados pelas drogas e afundados na lama do mundo até o pescoço, é difícil compreender essa mensagem de elevação espiritual e de libertação. Porém, pouco a pouco, como num lento despertar, eles vão se dando conta da verdade profunda dessas palavras e de que é preciso aplicá-las em sua nova vida.

Na capela, todas as manhãs, são instruídos sobre a necessidade de afeiçoarem-se às coisas lá de cima e não às daqui de baixo, onde espreita o maligno. Uma mensagem de sabedoria e de espiritualidade que alcança seus corações fracos e oprimidos com a força e a iluminação do Espírito Santo.

Desse modo, eles atingem a compreensão de que o ódio, o orgulho e o egoísmo, que tanto atrapalham a caminhada de cura e de libertação, devem ceder lugar ao amor, à compaixão e à humildade. Só assim serão capazes de, pela graça de Deus, vencer as tentações.

E uma vez libertos dos sentimentos do mundo, eles poderão viver uma vida nova, como homens novos, com corações transformados pelo amor primeiro, que restaura todas as coisas, cura todas as feridas do corpo e da alma, e não conhece limites.

Para amar e viver com liberdade, é preciso desapego das coisas deste mundo, todas passageiras. O verdadeiro amor é livre, preso que está somente a Deus. Porque ele é amor.

Dois casos

A. S. R. ingressou na fazenda prestes a completar vinte anos de idade. Certo dia, entrou num ônibus com uma faca para roubar. Estava completamente drogado. Após levar os celulares dos passageiros, foi perseguido e preso pela polícia. Na delegacia, confessou o crime. Tinha que pagar uma dívida com o traficante que o ameaçava de morte. Foi denunciado e condenado. Aguardava o julgamento do seu recurso em liberdade. Seu irmão, que também roubava e usava drogas, foi morto pela polícia após um assalto. Concluiu a caminhada e hoje mora com sua mãe.

J. B. B. tinha vinte e cinco anos quando resolveu buscar ajuda. Já havia praticado vários crimes na cidade onde nasceu. Entretanto, nunca foi preso nem processado. Seu irmão mais velho, também dependente químico e contumaz na prática de crimes, foi assassinado por outros criminosos. Por essa razão, ele alimentava ódio e desejos de vingança. Após concluir a caminhada, voltou a morar com sua família.

Lembro-me de quando os vi pela primeira vez, logo após entrarem na fazenda. Eram seres humanos em ruína, vencidos pelas drogas que destruíram suas vidas e os arrastaram para o crime. Por isso, não posso conter a alegria de reencontrá-los e constatar que, apesar de tudo, deram a volta por cima e hoje levam uma vida digna.

Como eles mesmos costumam dizer, foi ali que conheceram, através das palavras e do exemplo do Padre João Mancini, o amor a Deus e ao próximo. Antes disso, só havia ódio em seus corações, alimentado principalmente pelo *crack*.

Esses foram os primeiros casos que acompanhei no início do meu trabalho. Dois jovens que tinham sonhos, como qualquer ser humano, e que desceram ao inferno da existência humana escravizados pelas drogas. Não estavam apenas na periferia do mundo, excluídos pela sociedade que não soube amá-los, estavam na periferia da vida.

Diante de casos como esses, surge a pergunta: quem poderá julgá-los? Quem poderá condená-los pelo que fizeram? São realmente responsáveis por seus atos? Estas são perguntas cujas respostas apontam necessariamente para outra questão: a da punição dos dependentes químicos envolvidos em crimes.

Se é verdade que todo o nosso Direito Penal, que é o direito punitivo do Estado, encontra-se orientado pela noção de culpa, a ponto de falarmos de um Direito Penal da culpa, como puni-los por suas ações? Eles são realmente culpados?

É forçoso admitir que a nossa falta de amor tem originado tanta violência. Como ainda não aprendemos a amar, somos obrigados a conviver com crimes e castigos de toda espécie. No entanto, antes de procurarmos culpados, deveríamos reconhecer a nossa falta de amor a Deus e ao próximo.

A verdade é que fechamos nossos olhos para o sofrimento do outro e nos preocupamos apenas com nossa própria vida, nosso consumismo, nossos sonhos de *status* e de riqueza. Esquecemos a advertência de Jesus: "Quem buscar sua vida a perderá, e quem perder sua vida por causa de mim a encontrará" (Mt 10,39).

Esses dois exemplos demonstram que é perfeitamente possível recuperar seres humanos que estão no mundo das drogas e da criminalidade. E que precisamos encontrar novas formas de resolução de conflitos que afastem a pena de prisão, que tantos males tem causado à humanidade.

A prisão apaga a última chama de amor e de esperança no coração do homem e mostra nossa incapacidade de resolver, com o uso da razão, o problema da violência que nos atinge. Enquanto houver prisões no mundo, não será possível falar em civilização.

O trabalho realizado na fazenda busca restituir-lhes a vida e a dignidade. O amor misericordioso de Deus resgatou-os das trevas em que se encontravam. E o amor fraterno ajudou na sua recuperação. O amor, portanto, transformou completamente suas vidas.

A lei maior

A humanidade jamais poderá evoluir retribuindo o mal com o mal. O pensamento segundo o qual ao mal do crime deve-se contrapor o mal da pena não nos levará a lugar algum. Isso só tem contribuído para o aumento da violência e o acirramento dos conflitos na sociedade.

Como escreveu Paulo, na Carta aos Romanos: "A ninguém pagueis o mal com o mal" (Rm 12,17).

O atual sistema penal é baseado tão somente na vingança – não obstante os objetivos de ressocialização e de reeducação do detento apregoado pelos seus defensores – e tem colhido os frutos dessa escolha equivocada. Basta ver a violência existente dentro e fora das nossas prisões.

A Lei de Moisés estabeleceu um limite para a vingança através da lei do talião (olho por olho, dente por dente). Cristo, porém, rompeu definitivamente com a ideia de vingança ao preconizar o amor ao próximo, inclusive aos nossos inimigos e perseguidores.

O amor sem limites nada tem a ver com a ideia de retribuição, com vingança.

A pacificação social jamais será alcançada com um sistema penal baseado na retribuição, que remonta a um tempo primitivo da humanidade. Na verdade, é preciso encontrar novas formas de resolver os conflitos humanos que não estejam centradas na culpa e na punição. Afinal de contas, quem é culpado? E quem merece ser punido?

Para responder a essas indagações, é preciso ser maior que Deus. É preciso ser maior que aquele que veio ao mundo não para julgar os homens, mas para salvá-los.

Na ambição de ser maior que Deus, a justiça humana falhou. Ao procurar punir culpados, muitas vezes vemos um inocente sendo condenado pelo culpado, ou seja, o suposto criminoso sendo condenado por aquele que, na verdade, deveria estar na cadeia em seu lugar. De fato, muitos réus são condenados, apesar de serem menos culpados que seus juízes impiedosos.

O grande edifício da nossa legislação punitiva, construído através dos séculos, está assentado em frágeis alicerces porque não se encontra fundado no amor que deve existir entre todos os homens. É como a casa da parábola de Jesus, que foi construída sobre a areia e desabou.

Com efeito, as construções mirabolantes dos nossos legisladores, as normas que prescrevem por que e como os homens devem ser julgados e punidos pelos seus semelhantes, violam a lei fundamental que nos foi dada por Deus, a Lei do Amor. E isso é algo que não pode dar bons frutos ou trazer felicidade a quem quer que seja.

A humanidade precisa se conscientizar de que sem o cumprimento da Lei Maior não poderá haver paz, felicidade, civilização. Lei nenhuma poderá substituir esse mandamento divino que deve estar na base, como princípio orientador, de toda e qualquer legislação.

Se não construirmos uma sociedade justa, baseada no amor e no auxílio mútuo, este mundo como o conhecemos não irá sobreviver.

O jurista italiano Cesare Beccaria, no seu tempo, lutou contra a crueldade das penas, e mudou o mundo com seu pequeno livro *Dos delitos e das penas*, publicado em 1764. Agora é hora de superar esse momento histórico e buscar novas formas de resolver o grave problema do crime com inteligência, fé, esperança e, sobretudo, amor.

A prisão institucionalizou a vingança e, assim, contribuiu para a sobrevivência desse sentimento no coração das pessoas. Com isso, a justiça humana afastou-se cada vez mais da justiça divina, comprometendo-se antes com o mal que com o bem. Para modificar essa situação, é preciso acabar de vez com a prisão.

Enquanto não cumprirmos a Lei de Deus, não haverá qualquer esperança para a humanidade. Teremos que conviver com crimes cada vez mais violentos e legislações cada vez mais ineficazes. Segundo Paulo, "O amor é o cumprimento perfeito da lei" (Rm 13,10).

A fazenda tem sido uma tentativa de superar a relação entre crime e castigo. Através do amor e da solidariedade, pretende contribuir para uma nova convivência entre os homens, baseada em novos valores.

Tratemos, então, de nos amarmos uns aos outros e deixemos a Deus a tarefa de julgar os homens.

Amar o próximo

É fácil amar aqueles que nos amam, difícil é amar aqueles que não conhecemos ou que nos perseguem.

Do mesmo modo, não é nada fácil amar aqueles homens desfigurados pelas drogas e que já cometeram diversos crimes. Para muitas pessoas, é até melhor que estejam internados numa fazenda distante, longe dos seus olhos, das suas casas e das suas famílias.

No entanto, devemos nos perguntar: Qual o mérito de amar quem nos ama ou de querer bem a quem nos quer bem? De fato, se pararmos para refletir um pouco, veremos que não há nenhum mérito nessa atitude. Jesus perguntou a seus discípulos: "se amais somente aqueles que vos amam, que recompensa tereis? Os publicanos não fazem a mesma coisa?" (Mt 5,46).

É esse o nosso grande desafio como cristãos. Ser cristão é seguir o exemplo e os ensinamentos de Jesus, mas não podemos fazer isso se não somos capazes de amar e de perdoar nossos irmãos, não importando quem sejam nem o que tenham feito.

Como adverte João: "Se alguém disser: 'Amo a Deus', mas odeia o seu irmão, é mentiroso; pois quem não ama o seu irmão, a quem vê, não poderá amar a Deus, a quem não vê" (1Jo 4,20). Ele está falando de qualquer um dos nossos irmãos, sem excluir ninguém.

Portanto, cabe a nós, como verdadeiros cristãos, amar todas as pessoas, inclusive esses rapazes que foram para essa fazenda a fim de se libertarem das drogas e da criminalidade. Amar sem julgar.

Precisamos compreender a mensagem de Jesus quando nos diz para amarmos nossos inimigos e rezarmos por aqueles que nos perseguem para assim nos tornarmos filhos do nosso Pai que está no céu, "pois ele faz nascer o seu sol sobre maus e bons e faz cair a chuva sobre justos e injustos" (Mt 5,45).

É esse amor que Jesus nos oferece e que conduz à salvação. Quando ele deu sua própria vida para nos salvar dos nossos pecados, não fez qualquer distinção entre aqueles que o perseguiram, o condenaram e o mataram. Também morreu por eles, demonstrando assim seu amor pela humanidade.

Devemos seguir o seu exemplo, se quisermos algum dia experimentar o verdadeiro amor, esse sentimento que transforma e liberta, que cura e eleva, sem o qual nossa vida permanece incompleta, sem sentido algum.

Estamos aqui para aprender a amar, mas para isso precisamos acreditar no amor, no seu poder de transformar o homem e o mundo em que ele vive. Precisamos acreditar no amor como a grande força que nos impele para o outro e também para Deus.

Só o amor é capaz de vencer o ódio, a intolerância e a violência, assim como só a luz pode acabar com a escuridão.

Acreditar no amor, com seu poder de renovação e de salvação das almas, é acreditar em Deus, porque ele é amor.

João escreveu que: "Deus é amor: quem permanece no amor, permanece em Deus, e Deus permanece nele" (1Jo 4,16).

O caminho novo

Na fazenda, os internos são convidados a seguirem o exemplo de Santa Teresinha do Menino Jesus: fazerem-se pequenos, pobres em espírito, para assim se entregarem, de corpo e alma, ao amor misericordioso de Deus.

Disse Jesus no Sermão da Montanha: "Felizes os pobres no espírito, porque deles é o Reino dos Céus" (Mt 5,3).

É preciso que esses rapazes tomem consciência de que se encontram na infância espiritual, pois só assim poderão ser abraçados e amparados por nosso Pai que está no céu. É o que costuma dizer o Padre João Mancini, cuja devoção a Santa Teresinha se revela, inclusive, na escolha do nome da fazenda.

Sem pequenez de espírito, eles se perdem no orgulho e no egoísmo que têm interrompido a caminhada de tantos jovens. Como não são humildes diante de Deus, só lhes resta aprender amargas lições de humildade com os traficantes que estão do lado de fora à sua espera.

Portanto, devem caminhar como filhos pequenos, na humildade e na obediência, se quiserem realmente se livrar das drogas. Esse é o caminho novo que lhes é apresentado todas as manhãs na capela. Eu também aprendo sobre esse caminho que me tem ajudado a abandonar tantas ilusões antigas.

Assim como eles, preciso me fazer pequeno para melhor compreender o projeto divino que ali se realiza e ajudar nossos irmãos dependentes químicos. Tornar-me pequeno para amar, servir e me oferecer de coração ao amor misericordioso de Deus.

Esse é o título do belíssimo hino da fazenda que foi inspirado nos ensinamentos de Santa Teresinha: "Caminho novo, pequeno e reto, que leva ao amor. Suave e simples, mas exigente, que leva ao Senhor. Se alguém é pequeno, a mim então venha que nele eu serei".

O caminho novo que ela nos propõe conduz ao amor e ao encontro com Deus, a partir de um coração que se fez pequeno na humildade, na oração e no serviço ao próximo.

Jesus falou a seus discípulos: "Em verdade vos digo, se não vos converterdes, não vos tornardes como crianças, não entrareis no Reino dos Céus. Quem se faz pequeno como esta criança, esse é o maior no Reino dos Céus" (Mt 18,3-4).

Dez anos

A Fazenda do Amor Misericordioso completou dez anos de existência em 2015. Foi fundada em 9 de janeiro de 2005, data da missa inaugural realizada pelo bispo emérito de Pinheiro, Dom Ricardo Pedro Paglia, com a ajuda do Padre João Mancini.

O terreno foi doado pelo senado italiano, através do Padre Luis Rizzo. Aos poucos, sempre através de doações, foram erguidas as construções necessárias para o trabalho que ali seria realizado: refeitório, dormitórios, banheiros, salão e capela.

No início, eram apenas dois internos. Hoje são sessenta, vindos de vários lugares.

O Padre João Mancini, que desde então coordena os trabalhos na fazenda, nasceu em 14 de julho de 1948, em Leme, no Estado de São Paulo, cidade da qual foi vereador, vice-prefeito e, depois, prefeito. Ordenado sacerdote no ano de 1986, tornou-se capelão militar em 1991, chegando a Pinheiro em 2002.

Pertencente à burguesia paulista, renunciou a tudo para cumprir sua vocação religiosa. Em Pinheiro, recebeu o chamado divino para cuidar dos dependentes químicos, fazendo opção pelos pobres. Conduzido pelo Espírito Santo, que sopra onde quer, ele tem resgatado muitas vidas das drogas e da criminalidade.

Conhecendo a sua história, podemos aprender um pouco sobre os caminhos misteriosos de Deus. Com ele tenho aprendido a amar sem julgar, sem preconceitos, sem limites. E é com alegria que, nas reuniões matutinas que acontecem na capela, ouço seus ensinamentos cheios de amor, fé, solidariedade e humildade.

Aprendemos com suas palavras de sabedoria, mas sobretudo com seu exemplo de amor ao próximo e de dedicação à causa dos dependentes químicos, que veem nele um pai amoroso que vive e luta com eles.

Há até mesmo aqueles que desejam seguir seu exemplo e entrar para a vida religiosa, como aconteceu com o irmão Froebel Pereira Ribeiro, que concluiu sua caminhada na fazenda em 2010.

Em 25 de janeiro de 2015, ele fez seus primeiros votos religiosos na Fraternidade dos Pobres de Jesus Cristo, cujo carisma é franciscano, iniciando sua trajetória na cidade de São Luís. O nome adotado por ele a partir de então foi Damião do Amor Misericordioso, uma bela e justa homenagem ao santo de Molokai e a Santa Teresinha.

Frei Damião relatou em carta sua experiência: "Quando estava perto de completar dois meses de caminhada, senti o chamado de Deus. No começo, eu achava que esse chamado apenas se resumia a parar de beber e de usar drogas, mas não era só isso, o Senhor me chamava para segui-lo". No fim, ele escreveu: "Agradeço muito a esta comunidade, ao padre e a meus coordenadores, a meus irmãos e a todos os que colaboram com esta comunidade. Amém!".

A fazenda tem prestado um serviço inestimável para aquelas pessoas martirizadas pelas drogas, para a sociedade e, por que não dizer, para toda a humanidade. O projeto divino que ali se realiza não pode ser visto nem medido por nossos pobres olhos humanos, mas pode ser sentido pelos corações daqueles que se dedicam a ele atendendo ao chamado de Deus.

Essa é uma história de amor e de serviço que tem transformado a vida de muitos irmãos que abandonaram as trevas em que se encontravam e que, como homens novos, passaram a caminhar na luz para a qual foram criados. Uma história de libertação e de salvação daqueles que são pobres aos olhos do mundo, os filhos tão amados do Pai.

Como disse Jesus, "A pedra que os construtores rejeitaram, esta é que se tornou a pedra angular" (Mt 21,42).

Perseverança e amor

Estou novamente fazendo a travessia: retornando para São Luís, onde moro e onde fica o meu escritório de advocacia. Desde que comecei o trabalho na fazenda, divido o tempo entre as duas cidades. A força que vem do mar me anima a prosseguir nessa jornada.

O sol da manhã ilumina o mar calmo e me faz pensar na Fazenda do Amor Misericordioso, que vai ficando para trás. Já não posso afastar-me daquele lugar sem sentir saudade. Na próxima semana, se assim me for permitido, estarei lá para mais um compromisso de vida e de libertação.

É preciso resgatar aquelas pessoas, salvar aqueles jovens que se encontram no mundo das drogas e da criminalidade. É preciso trabalhar, com perseverança e amor, para a construção do Reino de Deus. A espiritualidade me move todos os dias para esse ato de fé cristã.

Nessa luta para a qual todos somos convocados, nossas armas são: a verdade, a justiça e o amor. Não podemos jamais esquecer a oração que nos une a Deus e nos mantém firmes e confiantes no caminho. Porque, sem oração, ficamos fracos e não podemos travar batalha alguma.

Deus nos convida a ajudarmos nossos irmãos pobres e doentes, excluídos e vencidos. Seres humanos maltratados pelas drogas que só pedem um pouco de amor, paz e compreensão. Ele quer que participemos, como verdadeiros irmãos, da sua história de luta, sofrimento e libertação.

Na parábola dos talentos, Jesus nos mostra que se não multiplicarmos nossos talentos, que foram dados por Deus, colocando-os a serviço da humanidade, eles serão tirados de nós. Portanto, precisamos usá-los no serviço ao próximo, pois para isso fomos feitos, ou seja, para nos ajudarmos uns aos outros.

O amor salva nossas vidas e faz desaparecer uma multidão de pecados, como escreveu o apóstolo Tiago na sua epístola sagrada. E só o amor, vivenciado em comunhão com Deus e com os homens e mulheres deste mundo, pode dar sentido à nossa existência.

Penso em tudo isso durante a travessia que alimenta e fortalece meu espírito nesta manhã iluminada por uma luz que não se apaga. Foi na travessia que comecei a escrever este livro, é na travessia que o termino com a esperança de que sua mensagem não seja em vão.

Para falar a verdade, jamais imaginei estar onde estou agora ou fazer o que estou fazendo agora. De algum modo, como aconteceu um dia com o Padre João Mancini, fui trazido para este lugar assim como fui preparado para este trabalho. Até descobrir que, como ele, pertenço a este lugar.

Quando Maria Fernanda assumiu a direção daquela escola em Pinheiro, jamais pensei que esse fato tivesse algo a ver comigo, que faria alguma coisa nessa cidade que eu só conhecia de passagem. Agora sei que a nossa vida e a nossa missão estão ligadas a essa cidade. De repente, tudo ficou claro para mim. E tudo agora faz sentido.

Foi atendendo ao chamado divino que viemos parar aqui. Transformamos nossas vidas para sermos dignos desse chamado que nos tem proporcionado alegrias sem conta. Através da conversão e da comunhão, reconciliamo-nos com Deus e com a Igreja. E nos deixamos conduzir pelo Espírito Santo como verdadeiros filhos de Deus.

No serviço a nossos irmãos dependentes químicos, aprendemos o valor da compaixão, da solidariedade e da humildade. Além disso, foi-nos dado conhecer, pela primeira vez, o verdadeiro amor, aquele que abre as portas do Reino dos Céus: o amor sem limites.

Como disse São Paulo: "Atualmente permanecem a fé, o amor e a esperança. Mas o maior destes é o amor" (1Cor 13,13).

Entrevista com o Padre João Mancini

"Sabemos que tudo contribui para o bem daqueles que amam a Deus, daqueles que são chamados segundo o seu desígnio"
(Rm 8,28).

Na manhã do dia 9 de fevereiro de 2015, chego à Fazenda do Amor Misericordioso para uma conversa com Padre João Mancini. Após a reunião matutina na capela, nos dirigimos para sua pequena sala. Ele vai abraçando e beijando os internos que encontra pelo caminho e que querem a sua bênção. Finalmente, sentamos um diante do outro e começamos a conversar sobre seu trabalho. Estou diante de um homem que tem transformado a vida de muitas pessoas, mas que geralmente se recusa a escrever ou a falar sobre isso. No entanto, por razões que me parecem óbvias, eu não poderia deixar de registrar aqui suas palavras acerca da missão que ele cumpre com amor, fé e esperança.

Entrevistador: Podemos começar falando sobre o chamado para o trabalho com os dependentes químicos...

Padre: Foi a partir do meu nada, da misericórdia de Deus para com a minha vida. A mim, o menor de todos os cristãos, foi dada esta graça, como diz São Paulo.

Entrevistador: Qual tem sido seu maior desafio nessa missão?

Padre: Vencer a mim mesmo, e confiar plenamente na providência divina e no seu amor misericordioso.

Entrevistador: O senhor acredita realmente na recuperação dos jovens que chegam à fazenda em busca de ajuda?

Padre: Para Deus nada é impossível. Ele tem o poder de realizar infinitamente mais que tudo que possamos pedir ou pensar, conforme nos afirma São Paulo na Carta aos Efésios.

Entrevistador: Gostaria que o senhor falasse sobre o caminho proposto pelo projeto para a recuperação desses jovens...

Padre: No projeto que vivemos na fazenda, percorremos diariamente o caminho da infância espiritual, o caminho novo proposto por Santa Teresinha do Menino Jesus. Através da humildade e da obediência ao Evangelho e às regras de vida comunitária, possibilitamos a "gestação" de uma nova vida sob a ação do Espírito Santo. Uma caminhada de nove meses, sendo um caminho catecumenal.

Entrevistador: Como a sociedade vê o seu trabalho com os dependentes químicos?

Padre: Não se trata de um trabalho meu, mas da ação de Jesus, que gera contradição, posições a favor ou contra. Muitos valorizam e contribuem, enquanto outros não compreendem a dimensão do amor misericordioso de Deus. É a postura, na parábola do filho pródigo, do mais velho que não entende o amor misericordioso do pai ao acolher com festa o filho mais novo que retorna para casa.

Entrevistador: E como a justiça tem tratado esse grave problema das drogas?

Padre: Não podemos ser hipócritas, é preciso chegar à raiz do problema. Não podemos atirar pedras ou simplesmente condenar. Eles fazem vítimas, mas também são vítimas de uma doença atroz e da sociedade que exclui. A mídia, por exemplo, simplesmente condena esses jovens, mas que valores oferece ou que contribuição dá para que essa realidade se modifique? A justiça precisa compreender essa questão para cumprir melhor o seu papel, sem preconceitos, discriminações ou prejulgamentos.

Entrevistador: O senhor acha que a prisão é solução para dependentes químicos que cometem crimes?

Padre: A prisão não recupera nem ressocializa, muito pelo contrário, é uma escola de criminalidade, de acordo com os próprios testemunhos dos internos da fazenda que já passaram pelo sistema prisional.

Entrevistador: A fazenda desenvolve algum trabalho de prevenção?

Padre: Esse trabalho é realizado através dos testemunhos dos rapazes nas escolas ou da recepção de grupos de alunos e de jovens das comunidades e igrejas da região.

Entrevistador: Como a sociedade e a família podem contribuir com o trabalho que é realizado na fazenda?

Padre: Tudo aqui é gratuito, porque atendemos pessoas pobres. O amor é gratuito. Além da contribuição necessária para manter a obra de Deus, a família e a sociedade podem colaborar dando oportunidades de emprego e o apoio necessário para a reinserção social dos internos, o que é um dos objetivos também da Pastoral da Sobriedade.

Entrevistador: O senhor cuida desses jovens com um amor sem limites, e assim tem resgatado muitos do mundo das drogas e da criminalidade...

Padre: Tendo alcançado e experienciado profundamente, em minha vida pessoal, o amor misericordioso de Deus Pai, eu quis e quero ser instrumento desse incondicional amor, especialmente junto aos que são esmagados pelas drogas e pelo álcool e, também, a suas famílias. A Fazenda do Amor Misericordioso tem me proporcionado viver assim, embora eu reconheça ser um "servo inútil".

Impresso na gráfica da
Pia Sociedade Filhas de São Paulo
Via Raposo Tavares, km 19,145
05577-300 - São Paulo, SP - Brasil - 2016